A Intercessão na RCC

Maria Lúcia Vianna

A Intercessão na RCC

EDITORA
SANTUÁRIO

DIRETOR EDITORIAL:
Marcelo C. Araújo

COORDENAÇÃO EDITORIAL:
Ana Lúcia de Castro Leite

COPIDESQUE:
Lessandra Muniz de Carvalho

REVISÃO:
Leonardo do Nascimento Meira

DIAGRAMAÇÃO E CAPA:
Junior dos Santos

Dados Internacionais de Catalogação na Publicação (CIP)
(Câmara Brasileira do Livro, SP, Brasil)

Vianna, Maria Lúcia
A intercessão na RCC: manual de orientação / Maria Lúcia Vianna.
Aparecida, SP: Editora Santuário, 2002.

ISBN 85-7200-798-9

1. Oração de intercessão 2. Renovação Carismática Católica I. Título.

02-0279   CDD-248.32

Índices para catálogo sistemático:

1. Oração de intercessão: Cristianismo 248.32

17ª impressão

Todos os direitos reservados à EDITORA SANTUÁRIO – 2019

Rua Padre Claro Monteiro, 342 — 12570-000 — Aparecida-SP
Tel.: 12 3104-2000 — Televendas: 0800 16 00 04
www.editorasantuario.com.br
vendas@editorasantuario.com.br

INTRODUÇÃO

Jesus nunca realizou uma obra sem orar. Por exemplo, antes da ressurreição de Lázaro, orou: "Pai, rendo-te graças porque me ouviste. Eu bem sei que sempre me ouves..." (Jo 11,41). Antes de sua Paixão e Morte na Cruz, orou diante do cumprimento da vontade do Pai: oração eucarística, oração sacerdotal, oração na cruz.

As obras e missões de seus apóstolos sempre foram acompanhadas de intercessão. "Eu vos constituí para que vades e produzais fruto e o vosso fruto permaneça. Eu assim vos constituí, a fim de que tudo quanto pedirdes ao Pai em meu nome, Ele vos conceda" (Jo 15,16).

Deus veio salvar os homens. Mas, pelo grande amor com que os ama, também quer confiar-lhes uma participação na aplicação da obra divina. Aos homens cabe preparar-se ou preparar seus irmãos para acolher o dom gratuito da salvação e pedi-lo a Deus. Daí, a necessidade da intercessão.

A intercessão é a expressão de uma grande fé que nos faz acreditar que Deus nos ama a ponto de nada querer fazer sem nós, mesmo quando se trata da obra divina da salvação dos homens. Por isso, a intercessão verdadeira é direcionada a tudo o que concorre para levar uma pessoa à salvação. E isso inclui todas as circunstâncias na vida do homem.

Jesus realizou, por sua Paixão, Morte e Ressurreição, a verdadeira intercessão entre Deus e os homens. "Nos dias de sua vida mortal, dirigiu preces e súplicas, entre clamores e lágrimas, àquele que podia salvar da morte, e foi atendido pela sua piedade" (Hb 5,7).

Por seu sacrifício entrou "no próprio céu, para agora se apresentar intercessor nosso ante a face de Deus" (Hb 9,24).

Assim como o Pai "junto com Jesus nos ressuscitou e nos fez assentar nos céus com Cristo Jesus" (cf. Ef 2,6), também nós participamos do sacerdócio de Cristo intercedendo pelos irmãos.

Vivemos neste tempo da graça, em que, através da oração, sobretudo através da oração de intercessão, colocamo-nos ao lado de Jesus diante do Trono da Graça (Hb 4,14-16). Com Jesus, unidos à Maria Santíssima, aos anjos e santos, podemos interceder por todos os cristãos e suplicar as graças que ainda estão em tempo de recebermos.

Deus procura pessoas que invoquem sua misericórdia em favor de seu povo: "Tenho procurado entre eles alguém que construísse o muro e se detivesse sobre a brecha diante de mim, em favor da terra, a fim de prevenir a sua destruição, mas não encontrei ninguém" (Ez 22,30).

A intercessão é fundamental para sustentar todo o projeto da Renovação Carismática, de cada Ministério em particular, e todas as intenções de seus membros, já que sabemos que "em vão trabalham os operários se o Senhor não construir".

Maria Lucia Vianna

I

O INTERCESSOR

1. Quem é o intercessor?

O intercessor "fica na brecha", suplicando e clamando a Deus em favor de alguém. Sofre a dor do irmão por quem intercede. Fala a Deus sobre as necessidades da pessoa por quem ora. Insiste e chora para que o irmão seja atendido. O intercessor fala a Deus em nome dos homens da mesma forma que o profeta fala aos homens em nome de Deus. E precisa estar disponível para que o Espírito Santo nele interceda quando quiser.

Quando falamos de intercessão como ministério ou serviço, queremos significar algo mais amplo do que fazer uma oração por alguém. O intercessor toma uma decisão a longo prazo de implorar a Deus em favor de outras pessoas. Como intercessores, nós literalmente "ficamos entre" o Senhor e aqueles por quem estamos orando, pedindo que Ele lhes mostre sua misericórdia e lhes dê a sua bênção. Ezequiel usa a expressão "ficar na brecha" entre Deus e os outros para pedir a compaixão de Deus e evitar seu julgamento.

Nós, que participamos da Nova Aliança, sabemos que o verdadeiro intercessor por toda a humanidade é o próprio Jesus. Ele é Aquele que "fechou a brecha". Ele é Aquele que fica entre o céu e a terra, entre Deus e o homem. Jesus ora continuamente para que a palavra de fé, que nós ouvimos tantas vezes, possa criar raízes em nossos corações: fé para confiar em Deus em nível mais profundo e para nos entregarmos totalmente a Ele.

Jesus nos convida a nos tornarmos intercessores junto com Ele, e a entrar em seu ministério de misericórdia e de compaixão pelo mundo.

O chamado à intercessão não é apenas um dever para nós cristãos, mas um privilégio de partilhar a própria obra do Senhor. Para responder a esse chamado, precisamos moldar nossas vidas à Palavra de Deus.[1]

2. Exemplos de intercessores na Bíblia

• **Antigo Testamento**

Abraão: Intercessão por Sodoma (Gn 18,16-33). Perseverança, confiança em Deus como num amigo.
Moisés: Êx 17,8-13. Louvor e sustento dos irmãos; a força da união.
Josué: Js 3 (esp. v. 17). Sustentação na caminhada rumo à Terra Prometida.
Elias: 1Rs 18,41ss. Fé e entrega na oração.
Josafá: 2Cr 20,1-30. A força da obediência e do louvor.

• **Novo Testamento**

Maria: Jo 2. Bodas de Caná – Maria intercede por nós e conosco.
Jesus: Jo 17. Oração sacerdotal. Entrega da própria vida como intercessão: Paixão e Cruz.
Estevão: At 7,54-60. (Senhor, não lhes leves em conta este pecado). Misericórdia.
Paulo: Ef 3,14ss. E em várias outras passagens.

3. Características de um intercessor

• *Princípio do Coração Puro*. "Ó meu Deus, criai em mim um coração puro, e renovai-me o espírito de firmeza" (Sl 50,12).

Através dessa oração, compreendemos que o Senhor nos quer

---

[1] Cf. Ann SHIELDS, *Pray and Never Lose Heart*, p. 46.

livres do pecado e entregues totalmente a Ele. Quando pecarmos, procuremos o Sacramento da Reconciliação e façamos penitência por nossos pecados. Oração e jejum abrem à graça de Deus.

Deus quer tirar todos os obstáculos que bloqueiam nossa união com Ele e nossa intercessão. Nossa parte é entregar esses obstáculos ao Senhor. Com o nosso consentimento, Ele nos purifica. Em seguida, devemos pedir que o Espírito Santo venha inundar o nosso coração, para que nossas orações sejam somente inspiradas por Ele. O Senhor quer nos ensinar a orar de acordo com a sua vontade e não a nossa.

Ainda há mais uma característica do coração puro: o Senhor Jesus vem curar as feridas do nosso coração na medida em que nos entregamos a Ele. Deixemos que o Sangue Redentor de Jesus venha lavar todas as feridas que sofremos durante a vida. Muitas vezes não temos consciência da extensão da nossa dor, até que situações difíceis nos fazem trazer à tona a amargura do nosso coração, através de nossas palavras e de nossas ações. A menos que deixemos que o Espírito Santo faça brilhar sua luz em toda a falta de perdão em nossas vidas, nossas orações revelarão as feridas e os pesos que carregamos.

• *O relacionamento com Deus.* Crescer no relacionamento pessoal com Deus é talvez o passo mais importante de todos para nos tornarmos um verdadeiro intercessor. Por isso, é da maior importância que o intercessor seja uma pessoa de oração diária e constante. Jesus é Aquele que nos pode dar sabedoria, visão e compreensão para podermos viver em paz, na alegria e na confiança.

Mas há um perigo de, quando oramos por nossas necessidades e as de nossos irmãos, nossa oração se tornar uma lista de pedidos em vez de ser um tempo de adoração, louvor e comunhão com Deus. Moisés é o exemplo marcante do intercessor que tinha sempre um tempo para estar "face a face" com Deus. E seu relacionamento com o Senhor era como o de um amigo conversando com o outro. E nós ainda temos o privilégio de conhecer a Deus mais intimamente do que Moisés, tornando-nos filhos, em Nome de Jesus e com a ajuda e a intercessão do Espírito Santo.

4. A conduta do intercessor

• *Ser firme no que você acredita*: Ter firmeza na Palavra de Deus, que é a Espada do Espírito. Aproxime-se de Deus e espere com fé, confiante em sua Palavra. Louve e agradeça ao Senhor em todas as circunstâncias.

Sl 56,8: "Meu coração está firme, ó Deus, meu coração está firme. Vou cantar e salmodiar".

• *Ser submisso*: Procure não insistir em seu ponto de vista. Deus é o doador da resposta à oração e foi Ele quem levou você a orar. Por isso, abandone seus próprios conceitos a respeito da situação. E, mais do que tudo, nunca julgue a pessoa por quem você está orando. O mais importante é, na fé, pedir ao Espírito Santo que venha ungi-lo com poder para orar conforme a vontade de Deus.

2Cor 10,5: "Nós aniquilamos todo raciocínio e todo orgulho que se levanta contra o conhecimento de Deus e cativamos todo pensamento e o reduzimos à obediência de Cristo".

Louve e agradeça a Deus por ouvir sua oração.

O intercessor submisso ao Espírito vai adquirindo mais desembaraço no uso dos dons, mais segurança na intercessão, mais unidade com os irmãos e santidade de vida.

• *Ser confiante*. Pv 3,5-6: "Que teu coração deposite toda a sua confiança no Senhor! Não te firmes em tua própria sabedoria! Sejam quais forem os teus caminhos, pense nele e Ele aplainará as tuas sendas".

Jesus disse: "Tende fé em Deus" (Mc 11,22).

Encha o seu coração com as promessas de Deus, porque é Ele quem inspira as orações, dá a fé, põe no seu coração pensamentos sobre a verdade e mantém seu corpo em ação. Então, em completa confiança, fale aquilo que Ele traz à sua mente e expresse-o em oração cheia de fé.

• *Ser testemunha da justiça*: Quando consideramos o aumento do pecado e da rebeldia em nossa sociedade e até no povo de Deus, vemos como é importante que haja intercessores que fiquem "na brecha", diante do julgamento de Deus. "Tenho procurado entre eles alguém que construísse o muro e se detivesse sobre a brecha diante de mim, em favor da terra, a fim de prevenir a sua destruição, mas não encontrei ninguém" (Ez 22,30). "Ficar na brecha" significa mais do que fazer intercessão. Também se refere ao nosso modo de viver. Deus procura pessoas que testemunhem arrependimento, conversão e justiça. Como lemos em Tiago 5,16, "a oração do justo tem grande eficácia". Para ficarmos como intercessores entre o julgamento de Deus e o pecado do povo, precisamos estar livres de pecado grave. Nossa oração de intercessão deve sempre incluir um tempo de exame de consciência e arrependimento dos pecados. Felizmente, não dependemos de nossos próprios esforços para obter a justiça que nos permite "ficar na brecha" diante de Deus. Nossa justiça vem de nossa fé em Jesus Cristo, quando tentamos viver a lei de Deus no poder do Espírito Santo. Quando falhamos, nos arrependemos.[2]

• *Ser zeloso e agradecido*: Seja ativo em oração, zeloso e agradecido. Dê ao Espírito Santo tempo para dar ao seu coração a revelação para o momento (discernimento) e siga esta direção na oração. A revelação pode vir em forma de inspiração profética ou de uma palavra da Sagrada Escritura. Dê graças a Deus.

Este é o princípio da Intercessão Profética: interceder conforme o que o Espírito Santo indicar.

Cl 4,2: "Sede perseverantes, sede vigilantes na oração, acompanhada de ação de graças".

---

[2] Cf. Ann SHIELDS, *Pray and Never Lose Heart*, p. 47.

• *Ser agradecido*: Oração e ação de graças são tão naturais como repousar, pois orar é mergulhar em Deus.
Sl 106,21-22: "Agradeçam ao senhor por sua bondade, e por suas grandes obras em favor dos homens. Ofereçam sacrifícios de ação de graças. E proclamem as suas obras".

• *Ser humilde e compassivo, à imagem de Jesus*: O intercessor deve: evitar mostrar-se importante diante dos outros por seu encargo de interceder; ter a humildade de depender totalmente da graça de Deus; procurar ser discreto; ter compaixão com o próximo; estar atento aos que sofrem e ter verdadeiro amor aos irmãos.
Tg 4,6: "Deus resiste aos soberbos, mas dá sua graça aos humildes".
Ef 4,32: "Antes, sede uns com os outros bondosos e compassivos".

• *Ser assíduo no grupo de intercessão e no grupo de oração*: A equipe ou grupo de intercessão é serviço/ministério do grupo de oração. O membro do grupo de oração e de intercessão vive sua espiritualidade em todas as circunstâncias de sua vida e a celebra na reunião do grupo.

II

ORAÇÃO E MISSÃO

1. Oração

"Já não vos chamo servos, porque o servo não sabe o que faz seu senhor. Mas, chamei-vos amigos, pois vos dei a conhecer tudo quanto ouvi de meu Pai" (Jo 15,15).

O Senhor quer ser nosso Amigo; quer ter um relacionamento pessoal e profundo com cada um de nós. Se abrirmos a porta do nosso coração poderemos sempre partilhar com Ele e Ele conosco (cf. Ap 3,20). Para isso é necessário dedicar um tempo especial ao Senhor todos os dias. Além de examinarmos nossa consciência pelos pecados e atitudes negativas que podem bloquear nosso relacionamento com Deus, precisamos aprender mais sobre Ele e conhecê-lo melhor através do estudo da Bíblia e dos ensinamentos da Igreja. Nesse tempo aos pés do Senhor, adore-o, louve-o, coloque todas as necessidades de seu dia em suas mãos. Em seguida, ore pelas pessoas e pelas situações que o Senhor traz à sua mente. E dê graças a Deus. "Não vos inquieteis com nada! Em todas as circunstâncias apresentai a Deus as vossas preocupações, mediante a oração, as súplicas e a ação de graças" (Fl 4,6).

Algumas sugestões para apoiar a oração de intercessão:

• Pedir ao Senhor o revestimento da "Armadura do Cristão", em Ef 6,10-17, como defesa contra os ataques do inimigo.
• Rezar o Magnificat – Lc 1,46-55. É uma oração poderosa que traz proteção sobre nós, nossas famílias e vitória nas tentações.

- Rezar o Terço da Misericórdia, por si e por todos os seus.
- Rezar o Rosário de Nossa Senhora, se possível diariamente.

2. Compromissos do intercessor

- *Frequentar com assiduidade o grupo de oração ao qual pertence a sua equipe de intercessão.* O grupo de oração é a base do ministério. Assim, os membros de uma equipe de intercessão, que é um serviço de um grupo de oração, devem frequentar assiduamente este grupo para orar junto com os irmãos, ouvir a Palavra e louvar o Senhor na comunidade à qual pertencem. Além disso, poderão conhecer melhor as necessidades das pessoas do grupo, para interceder.
- *Jejuar ao menos uma vez por semana* (cf. Mt 6,16-18; Ne 1,4): O jejum acompanhado de oração é de grande eficácia. No dia da reunião da equipe/grupo de intercessão, sugere-se uma preparação com missa, comunhão e alguma penitência ou jejum.

O jejum é bíblico. Seu valor está na intenção pela qual fazemos um sacrifício de renunciar a um alimento ou refeição, bebida, hábito, prazer ou conforto, por amor.
- *Louvar o Senhor incessantemente.* O louvor é a arma da vitória. O louvor liberta, pois tiramos os olhos de nós mesmos e nos fixamos no Senhor. Abrimos o caminho para Deus agir.
- *Ler e meditar a Palavra de Deus.* Sempre buscar o discernimento na fonte da sabedoria, que é a Palavra de Deus. A intercessão alimentada pela Palavra tem grande eficácia.
- *Vida sacramental:* O intercessor deve confessar-se pelo menos uma vez por mês e sempre que necessário. Missa e comunhão diária, se possível, incluindo um tempo de adoração ao Santíssimo Sacramento.
- *Orar sem cessar:* em línguas, em vernáculo, louvando, fazendo a oração de Jesus. 1Ts 5,17-18. Permanecer em Deus.
- *Buscar a santidade:* Deus nos chama à santidade de vida não apenas para que possamos entrar na vida eterna, mas também para

que possamos levar muitas pessoas a encontrá-lo definitivamente. Isso acontece não por nosso próprio esforço, mas quando nos abandonamos à sua misericórdia, ao seu poder e vivemos a sua Palavra. Nossa oração terá grande poder quando renunciarmos a todas as coisas que nos prendem ao mundo e colocarmos nosso apoio no Senhor. O poder na oração vem da presença do Espírito Santo em nossas vidas.

3. Bloqueios à intercessão

• *Falta de perdão*: se guardamos ressentimentos ou não perdoamos alguém, não teremos nossa oração atendida. Examinar todos os dias a consciência e perdoar a todos os que nos fizeram sofrer. O Perdão é a chave do céu. "Busca a paz e vai ao seu encalço" (Sl 33,15).

• *Falta de oração pessoal*: precisamos dar prioridade à nossa oração pessoal diária. Nossa ligação com o Pai, com Jesus e com o Espírito Santo precisa ser profunda e constante. O distanciamento de Deus, pela falta de oração pessoal, prejudica nossa caminhada espiritual e a oração do grupo de intercessão, quando se reúne para exercer seu ministério.

Reservar todos os dias um tempo para um encontro pessoal com o Senhor, para louvá-lo e derramar o nosso coração diante dele. Procurar também estar em silêncio diante do Senhor para escutá-lo e meditar na Palavra da Sagrada Escritura. Ali encontraremos consolo, sabedoria e orientação.

• *Pecados da língua*: o julgamento que fazemos de nossos irmãos e as palavras de crítica que pronunciamos constroem uma parede entre nós e Deus, que é o único juiz e conhece toda a verdade. Como podemos falar dos irmãos e louvar o Senhor? "Porventura lança uma fonte por uma mesma bica água doce e água amarga? A fonte de água salobra não pode dar água doce" (Tg 3,11-12b).

• *Pecados*: qualquer pecado não confessado prejudica a oração.

• *Falta de persistência no grupo de oração ao qual o intercessor pertence*: a intercessão é um ministério (serviço) do grupo de oração. O grupo de oração é a célula principal, a comunidade onde crescem os seus membros. O intercessor que não frequenta o grupo de oração não pode participar da equipe/ grupo de intercessão que o serve.

• *Orgulho e autossuficiência*: cuidado para não se deixar levar pelo orgulho ou sentir-se superior por ser procurado pelas pessoas para ajuda e oração. É preciso administrar bem os dons que Deus lhe concede para ser verdadeiramente um instrumento de cura nas mãos do Senhor.

• *Sentir-se superespiritual*: é um risco que se corre quando todos em volta confiam em sua "ligação direta" com Deus. Procurar a humildade e ter uma vida simples, vivendo cada minuto do dia na presença de Deus. A Jesus toda a glória em todas as circunstâncias; e a nós, o Espírito Santo.

4. A intercessão é para todos

Cada pessoa que crê em Jesus, sua obra e sua Palavra, pode ser usada por Deus para interceder. A intercessão é um chamado a todo o fiel, assim como a adoração e o testemunho. O demônio procura convencer as pessoas que esse tipo de oração é para especialistas. Mas todos somos chamados a "ficar na brecha" uns pelos outros, em qualquer situação em que nos encontremos.

Jesus Cristo veio até nós para nos mostrar como viver e caminhar para o Pai. Somente Ele é nosso modelo. E ele colocou a oração como uma prioridade diária para todos (cf. Mt 6,6; Lc 11,9-13). "Vigiai, pois, em todo o tempo e orai..." (Lc 21,36).

A Bíblia mostra-nos a ligação entre o ministério de intercessão e as revelações que recebemos para cumprirmos melhor nossa tarefa. Exemplo: Moisés, o grande intercessor do Antigo Testamento, teve a maior revelação da glória de Deus. "Aos olhos dos israelitas a glória do Senhor tinha o aspecto de um fogo consumidor sobre o cume do monte. Moisés penetrou na nuvem e subiu a montanha. Ficou ali quarenta dias e quarenta noites" (Êx 25,17-18).

Daniel, que recebeu uma notável revelação de acontecimentos presentes e futuros, orava três vezes ao dia para estar diante das ameaças dos inimigos. "Três vezes ao dia, ajoelhado, como antes, continuou a orar e a louvar a Deus" (cf. Dn 6,11b).

Ana, a profetiza "que não se apartava do templo, servindo a Deus noite e dia em jejuns e orações" (Lc 2,37b), recebeu a revelação de que o bebê nos braços de Maria era o Messias prometido.

Cornélio é descrito como um homem que orava constantemente a Deus (cf. At 10,2). Um dia, enquanto orava, recebeu de Deus a orientação de ir buscar Pedro e trazê-lo para sua casa.

Pedro, estando em oração enquanto esperava o almoço ficar pronto, recebeu a revelação de que também os gentios poderiam receber o batismo (cf. At 10,9-23).

Paulo, grande intercessor do Novo Testamento, "foi arrebatado ao paraíso e lá ouviu palavras inefáveis, que não é permitido a um homem repetir" (1Cor 12,4).

O modo de Deus agir não mudou. Ele revela seus segredos hoje também às pessoas de coração puro e que frequentemente intercedem pelos outros.

III

A ORAÇÃO DE INTERCESSÃO

1. Aspectos da intercessão

• *Serviço*: para ser um intercessor, é preciso estar disponível em termos de tempo e de coração. Carregar os irmãos nos joelhos dobrados. Tornar a vida um presente de amor (cf. Mc 10,44-45).
• *Luta*: Intercessão é combate, é estar de sentinela, permanecer na brecha. À medida que oramos, vamos afastando o opressor sobre a pessoa ou a situação. Intercessão perfeita: a de Jesus em favor da humanidade, vencendo o pecado, a doença, as trevas e a morte (cf. Lc 22,44).
• *Sofrimento*: por compaixão, nos colocamos na brecha em favor do irmão e partilhamos de seu sofrimento. Ajudamos a levar os pesos do sofrimento daqueles que nos pedem orações. Levantamos o irmão diante do Senhor e entregamos seu sofrimento na Cruz, onde Jesus torna "todo jugo suave e todo o fardo leve" (cf. Mt 11,30).
• *Partilha*: assim como Jesus veio compartilhar de nossos sofrimentos através de sua paixão e morte, também nós compartilhamos dos sofrimentos de nossos irmãos (At 2,35a).
• *Exercício de autoridade*: através da intercessão podemos tomar a autoridade que nos foi dada por Jesus para, em seu Nome, libertar nossos irmãos das opressões e obsessões causadas pelo demônio.
• *Vitória*: porque é ligada à intercessão infinita de Jesus.

2. Ataques do demônio

O inimigo vem contra nós:
• Tentando solapar nossa confiança no Senhor nos tempos de tribulação, com tentações de incapacidade e de desânimo, para desviar nosso coração da oração.
• Tentando esgotar-nos pelo cansaço físico, superativismo, pensamentos mentirosos e aflições, para diminuir nossa presença na intercessão.
• Tentando invadir, com as melhores justificativas, nossas horas reservadas à oração pessoal e comunitária.
• Tentando fazer-nos perder a comunhão com o Senhor através de distrações, pensamentos impuros, más recordações, culpas.
• Tentando envolver-nos na treva, impedindo que sintamos a necessidade de orar.

"Sede sóbrios e vigiai. Vosso adversário, o demônio, anda em redor de vós como um leão que ruge, buscando a quem devorar" (1 Pd 5,18).

IV

O MINISTÉRIO DE INTERCESSÃO DOS GRUPOS DE ORAÇÃO CARISMÁTICOS

1. Grupo de Oração e Grupo de Intercessão

1.1. Grupo de Oração

Comunidade que se reúne geralmente uma vez por semana, para louvar e bendizer o Senhor, ouvir a Palavra de Deus e usar os dons carismáticos de acordo com a inspiração do Espírito Santo. É essencialmente um grupo de louvor, onde as pessoas se encontram com Deus de maneira profunda e onde muitos se convertem pela Palavra pregada e pela presença do Senhor.

No Grupo de Oração, os dons do Espírito Santo se manifestam (cf. Rm 12), assim como há evidência do fruto do Espírito na vida das pessoas. A caridade fraterna é incentivada e procura ser vivida pelos participantes.

O Grupo de Oração tem algumas equipes que são serviços/ ministérios para ajudarem em seu funcionamento, de acordo com as suas necessidades. Exemplo: o núcleo, que é a equipe central e órgão de discernimento e orientação do grupo; equipe da música, para animar o grupo e levantar os cânticos; equipe das crianças, que recebem uma evangelização adequada e aprendem a louvar enquanto os pais estão no Grupo de Oração; equipe da acolhida, que recebe os que chegam, distribui os crachás etc; equipe/grupo de intercessão, que se mantém em oração por todas as necessidades do grupo de oração e reúne-se como ministério em outro momento.

1.2. Grupo de Intercessão

É um grupo menor, formado por participantes do grupo de oração que se reúnem para interceder pelas necessidades e pelos pedidos efetuados no grupo de oração, geralmente recolhidos numa cestinha depois de cada reunião e entregues ao responsável pelo grupo de intercessão.

Por ser um ministério do Grupo de Oração, o grupo de intercessão deve ser constituído por pessoas desse grupo. O número de participantes deve ser proporcional ao tamanho do grupo de oração. Os participantes do grupo de intercessão são discernidos pelo núcleo do grupo de oração ao qual pertencem. Para formar o grupo/equipe de intercessão, o núcleo do grupo de oração deve orar, jejuar e pedir ao Espírito Santo discernimento para escolher as pessoas que farão parte desse ministério.

2. Critérios para a escolha dos intercessores

• Responsável e maduro na fé;
• Ter vida sacramental e de oração;
• Sigiloso e discreto;
• Ser de confiança da coordenação;
• Assumir o compromisso de reunir-se semanalmente para a intercessão;
• Assíduo no grupo de oração;
• Sincero e humilde.

A experiência de uma longa caminhada na Renovação Carismática também ajuda, mas não é o único critério de escolha, porque alguns atingem a maturidade espiritual e usam os dons antes dos outros.

3. Procedimentos para a escolha: algumas sugestões

O núcleo do grupo de oração poderá discernir a maneira como selecionar alguns nomes conforme os critérios anteriormente mencionados. Os que forem confirmados pelo núcleo serão convidados a participar da equipe/grupo de intercessão.

É importante que a escolha seja confirmada pela maioria das pessoas do núcleo. O discernimento deverá ser feito depois de muita oração, silêncio para escutar o Senhor, confirmação na Palavra. A partilha do discernimento deverá ser feita na reunião do núcleo do grupo de oração. Os nomes que não foram unanimemente confirmados deverão continuar sendo orados até maior esclarecimento espiritual.

4. Compromisso

O dia e a hora do grupo de intercessão devem ser respeitados e levados a sério. Faltar somente por motivos justos, como doenças, viagens, prioridades do estado de vida (família, trabalho, congregação). Essas razões não devem ser consideradas como infidelidade ao compromisso. A frequência ao grupo/equipe de intercessão é um compromisso com Deus e com os irmãos.

O grupo/equipe de intercessão deve dispor sempre de um tempo, antes de começar a intercessão pelo grupo, para interceder pelos próprios participantes e suas necessidades, famílias e problemas. Esse tempo deve ser limitado, para não tirar o tempo do ministério.

O grupo de intercessão não tem por objetivo rezar por pessoas de fora, individualmente, durante suas reuniões. Essa missão é do ministério de cura. Pode ser que as mesmas pessoas da intercessão participem também da cura. Nesse caso, orar em momento diferente, mas nunca durante a reunião do grupo de intercessão.

O grupo de intercessão existe para interceder pela Igreja, pela Renovação Carismática na Igreja, pelas lideranças e para atender aos pedidos de oração que são feitos pela comunidade local, por seu grupo de oração. "Acima de tudo, recomendo que se façam preces, orações, súplicas, ações de graças por todos os que estão constituídos em autoridade, para que possamos viver uma vida calma e tranquila, com toda a piedade e honestidade" (1Tm 2,1-2).

5. Como funciona

O número de pessoas do grupo/equipe de intercessão depende do tamanho do grupo de oração. Uma dessas pessoas deverá ser a responsável pelo grupo, ser o elemento de ligação entre o núcleo e o grupo de intercessão, e uma referência para qualquer comunicação.

É aconselhável que essa pessoa faça parte do núcleo do grupo de oração ao qual pertence o grupo de intercessão. Aconselha-se até que mais de uma pessoa da intercessão faça parte do núcleo. Por outro lado, o grupo/equipe de intercessão não deve fazer o papel do núcleo do grupo de oração.

As pessoas do grupo de intercessão deverão tomar parte na vida do grupo de oração, assim como em retiros e aprofundamentos, seminários e congressos da RCC. Buscar crescer no Espírito e no seu ministério.

As reuniões do grupo de intercessão são realizadas semanalmente, sempre em dias e horários diferentes dos do grupo de oração. O local também deve ser outro, podendo ser numa capela, na casa de um dos intercessores ou numa sala da paróquia.

Os membros do grupo de intercessão devem preparar-se para a oração e, quando se reunirem, perdoar-se e pedir perdão, orando uns pelos outros.

Recomenda-se pedir a proteção de Maria Santíssima como Mãe Intercessora, a ajuda dos anjos e de nossos amigos, os santos, para estarem conosco na intercessão. Antes da reunião do grupo, pode-se rezar o terço ou fazer uma adoração ao Santíssimo Sacramento.

A intercessão é uma oração de batalha espiritual, por isso todos precisam de sustento das orações uns dos outros. Mesmo durante a semana podemos recorrer uns aos outros para partilhar e orar por alguma necessidade pessoal. Mas deve ficar bem claro que, ao iniciar o grupo de intercessão, os interesses pessoais e preocupações ficam de fora, porque estamos prestando um serviço aos irmãos. O nosso enfoque passa a ser o que está nos pedidos de oração.

6. Sequência da oração

"Acima de tudo, recomendo que se façam preces, orações, súplicas, ações de graças por todos os homens, pelos reis e por todos os que estão constituídos de autoridade, para que possamos viver uma vida calma e tranquila, com toda a piedade e honestidade" (1Tm 2,1-2).

• A Bíblia sugere uma sequência de oração, começando pelas autoridades civis e religiosas, mas fica a critério do grupo de intercessão adotar. É aconselhável fazer um ato de arrependimento e perdão.

• Depois da oração inicial, fazer um grande louvor, com oração em línguas e entrega pessoal, para sermos instrumentos livres nas mãos do Senhor. Devemos pedir os dons de discernimento, sabedoria, palavra de ciência e profecia. Pedir ao Espírito Santo que nos inspire a maneira com que devemos orar para cada situação.

• A intercessão profética dá-se quando o Senhor inspira como orar por aquela pessoa ou situação. Muitas vezes somos movidos a fazer jejum, rezar o rosário ou fazer uma oração de libertação. A palavra de ciência ajuda-nos a orar pela causa de alguma situação ou enfermidade. Para isso, é preciso fazer silêncio de coração e ficar em atitude de escuta depois do grande louvor inicial. Dessa forma, a oração de intercessão será feita conforme a vontade de Deus, que quer que todos sejam salvos. A Bíblia deve ser usada como apoio de oração e para discernimento.

• Quanto ao tempo de duração da reunião do grupo de intercessão, não há uma estrutura fixa. Recomendamos que a duração da reunião seja de 1 hora e meia a 2 horas por semana, em dias pré-estabelecidos.

• A reunião do grupo de intercessão deve terminar com louvores e ações de graças.

V

ORAÇÕES PARA INTERCESSÃO

Os pedidos de intercessão que nos chegam através do grupo ficam em nosso coração a semana inteira ou mais, conforme o caso. Assumimos, como intercessores, o fardo do irmão e o apresentamos ao Senhor. Oração e amor verdadeiro pelo irmão se identificam. Cada um de nós que intercede é uma fonte de vida nova e de salvação para os outros, através de nossas orações. Na missão de intercessores, os mantemos vigilantes e continuamos a interceder também através de nossa oração pessoal. "Quem é, pois, o servo fiel e prudente que o Senhor constituiu sobre os de sua família, para dar-lhes o alimento em tempo oportuno? Bem-aventurado aquele servo a quem o seu senhor, na sua volta, encontrar procedendo assim" (Mt 24,45-46).

Quando vamos orar por uma pessoa, devemos pedir ao Senhor que nos dê uma Palavra da Sagrada Escritura. Pode ser um versículo pequeno. Meditar a Palavra; orar na Palavra para a pessoa. Voltar-se para o Senhor outra vez. Adorar o Senhor, amar o Senhor. Orar em línguas. Receber o amor do Senhor. Agradecer o amor que está recebendo do Senhor. É uma oração de amar e deixar-se amar. Coração a coração. Então, deixar que o Espírito Santo leve esse amor até a pessoa por quem você precisa interceder. Em sua imaginação, veja Jesus abraçando a pessoa e ela também recebendo o seu amor.

Este é outro nível de intercessão:
• derramar o coração em amor a Deus;
• receber o amor de Deus;
• passar o amor de Deus ao irmão.

1. Orar na Palavra de Deus

Aprendemos através da Palavra de Deus a como preparar o nosso coração para a Intercessão. Desde o início da Igreja, seguia-se este roteiro:
- *ler* a Palavra de Deus;
- *meditar* a Palavra de Deus;
- *orar* a Palavra de Deus para mim mesmo e para os outros.

Orando nas Escrituras: Inserir o nome da pessoa na Palavra, assim: "Por suas chagas (..........) é curado" (Is 53,5).
"(..........) pode fazer tudo em Cristo que a fortalece" (Fl 4,3).
"Pois Deus não deu a (..........) um espírito de timidez, mas de fortaleza, de amor e de sabedoria" (2Tm 1,7).
"Sabemos que todas as coisas concorrem para o bem de (..........), que ama a Deus, sua eleita, segundo os seus desígnios" (Rm 8,28).

A chave para esse tipo de oração é o poder que emana quando afirmamos o melhor na pessoa que está sendo orada.

A Palavra de Deus sempre realiza transformação porque não volta sem ter produzido o seu efeito. "Assim acontece à palavra que minha boca profere: não volta sem ter produzido seu efeito, sem ter executado minha vontade e cumprido sua missão" (Is 55,11).

2. Oração para pessoas presas a vícios

- Faça uma lista de casos desesperados para o Senhor.
- Procure textos bíblicos apropriados para essas pessoas e coloque seus nomes nos lugares devidos dentro dos textos.
- Peça ao Senhor que o ajude a vencer qualquer dúvida que tiver de que essas pessoas possam ser curadas e restauradas. À medida que você vai contra o poder do inimigo nessas pessoas, leia Ef 6,10-20, e, tendo a consciência de que fez o que podia, afirme a verdade de que "para Deus não há impossíveis".

3. Oração de libertação

Muitas vezes discernimos que é necessário fazer uma oração de libertação por uma pessoa durante a intercessão.

O procedimento é igual ao de fazer a mesma oração pessoalmente. A oração de libertação é necessária quando as pessoas carregam sobre si o efeito de pecados capitais, palavras negativas ou de destruição lançadas sobre elas, autocondenação e prisões espirituais, que são jugos colocados pelo demônio para manter a pessoa em escravidão. Geralmente os casos de prisões espirituais são obsessões e opressões.

3.1 - Passos:
• pedir a proteção do Sangue de Jesus sobre cada intercessor e todo o grupo;
• pedir a proteção de Maria Santíssima, São Miguel Arcanjo, os anjos e os santos;
• rezar o Magnificat (Lc 1,46);
• orar em línguas;
• discernir a causa (ou o espírito) que aflige a pessoa (em geral está ligado a um pecado capital);
• em Nome de Jesus, amarrar e ordenar que saia da pessoa e vá preso e amarrado à Cruz de Nosso Senhor Jesus Cristo;
• pedir que o Espírito Santo venha tomar conta desses lugares e da vida da pessoa;
– declarar que Jesus é o Senhor e Salvador da pessoa.

3.2 - Exemplo:
Juntos, os intercessores pedem a proteção do Sangue de Jesus sobre cada um e sobre o lugar onde se encontram. Na autoridade do Nome de Jesus, mesmo à distância, fazem a oração. Exemplo: "Em Nome de Jesus, nós ordenamos que o espírito de (*ocultismo*) saia agora de (*nome da pessoa*) e vá preso e amarrado aos pés da Cruz de Nosso Senhor Jesus Cristo. E que não volte mais a perturbar este filho (ou filha) de Deus, em Nome de Jesus. (*Nome da pessoa*) pertence a Nosso Senhor Jesus Cristo". Ou: "Em Nome de Jesus, nós libertamos (*nome da pessoa*) das amarras (ou jugo) do espiritismo, confusão mental, mentira, luxúria, ira, gula etc".
E pode-se completar: "(*Nome da pessoa*) é lavada pelo Sangue de Jesus. Jesus é o Senhor de sua vida. Amém! Obrigada, Senhor!".
Louvar o Senhor por sua vitória.

4. Outros tipos de oração

A oração litúrgica é a oração da Igreja que sempre dá sustentação à nossa fé. Temos a consciência de pertencer a um corpo. Se Jesus disse: "Quando dois ou três estiverem reunidos em meu nome, Eu estarei no meio deles", quanto mais Ele ouvirá nossas orações, se toda a Igreja interceder. A oração dos Salmos, da Liturgia das Horas e principalmente a Santa Missa proporcionam momentos fortes de intercessão. Devemos também nos apoiar nas orações de nossos irmãos, principalmente os de nosso grupo de oração da RCC.

• *Contemplação*: se oramos por urna pessoa ou por uma situação específica, a primeira coisa que vem ao espírito deve ser de olhar a pessoa como uma obra de Deus e dar-lhe graças por sua obra. Isso se torna difícil quando não conhecemos a pessoa pela qual oramos, mas podemos pedir a Deus que "volva para ela a sua face" ou entre na situação difícil.

• *Ação de graças*: agradecer a Deus pela pessoa por quem oramos, pelo que ela é, pelo que há de bom nela. Agradecer a obra que Deus agora vai realizar nela. Entregá-la ao Senhor para que Ele possa agir. Colocá-la aos pés de Jesus como quem coloca uma flor.

• *Entrega*: esse gesto de entrega faz surgir em nós um sentimento de compaixão e mostra a nossa pobreza e incapacidade. É aí que estão a fé e a confiança no Senhor, deixando que Ele venha com todo o seu poder sobre a pessoa ou a situação.

• *Louvor*: o reconhecimento do poder do Deus, que salva, cura e liberta, leva-nos ao louvor por sua misericórdia infinita e porque a Ele nada é impossível. O louvor liberta-nos de nós mesmos e de toda a angústia e inquietação, sentidas pela pessoa ou situação, na intercessão.

5. A intercessão profética

Capacidade de orar e interceder com discernimento profético por questões específicas inspiradas pelo Espírito Santo.

Jl 3,1: "Depois disso, acontecerá que derramarei o meu Espírito sobre todo ser vivo: vossos filhos e vossas filhas profetizarão; vossos anciãos terão sonhos e vossos jovens terão visões". – No final dos tempos, o Senhor derramará do seu Espírito com uma unção profética sobre o seu povo.

A Palavra de Deus está cheia de exemplos de intercessão profética. Exemplo: Abraão (Gn 18,20-32); Moisés (Êx 32,7-14); Jesus (Jo 17); Ananias (At 9,10-17); Paulo (At 22,17-21). Nem toda a missão profética é igual. Cada pessoa é única, assim como seus dons e suas capacidades. O mesmo acontece com a unção do Espírito Santo, que se revela de modo diferente em cada pessoa. É preciso nos concentrar naquilo que o Senhor está mostrando nesse momento para Ele então poder mostrar o passo seguinte.

6. Em Nome de Jesus

"Em verdade, em verdade vos digo: aquele que crê em mim fará também as obras que eu faço, e fará ainda maiores do que estas, porque vou para junto do Pai. E tudo o que pedirdes ao Pai em meu nome, vo-lo farei, para que o Pai seja glorificado no Filho. Qualquer coisa que me pedirdes em meu nome, vo-lo farei" (Jo 14,12-14).

Quando oramos "em nome de Jesus", nossos pedidos devem ser de acordo com a vontade de Deus e com sua obra. Em outras palavras, estamos pedindo o que Jesus quer que seja feito. Se estamos crescendo no amor e na santidade de vida, amamos tanto o Senhor que nossa oração tem sempre por base: "Eu quero o que tu queres, Senhor". Orar em Nome de Jesus é orar como Jesus. E o único caminho para saber se algo que estamos pedindo está de acordo com a vontade do Senhor é estarmos profundamente unidos a Ele.

Quando Jesus diz: "Qualquer coisa que pedirdes em meu nome, vo-lo farei", refere-se aos que são seus verdadeiros discípulos e que conhecem sua vontade e seu coração.

Como conhecer Jesus profundamente?

Viver em Cristo: "Se permanecerdes em mim, e as minhas palavras permanecerem em vós, pedireis tudo o que quiserdes e vos será feito" (Jo 15,7). Precisamos ler, estudar e meditar na Palavra de Deus para que ela crie raízes em nós.

Muitas vezes nós é que decidimos como orar e por qual situação orar. Fazemos uma lista de pedidos e oramos com base naquilo que achamos que é melhor para a pessoa. A verdadeira intercessão é unida à de Jesus. O Espírito Santo inspira-nos a orar em cada situação. "O Espírito vem em auxílio à nossa fraqueza porque não sabemos o que devemos pedir, nem orar como convém, mas o Espírito mesmo intercede por nós com gemidos inefáveis" (Rm 8,26).

Orar em nome de Jesus não é uma fórmula. É preciso estar em comunhão profunda com Ele para sentir a moção de seu Espírito para a intercessão.

Permanecer na sua Palavra é deixar que ela nos molde através do poder do Espírito Santo. Quanto mais conhecermos a Palavra, mais estaremos conhecendo o Senhor Jesus e sua vontade. E quanto mais conhecemos sua vontade, mais vamos orar de acordo com ela. Assim, quando pedirmos algo em nome de Jesus, Ele o fará, porque é de acordo com o plano de Deus.

O Espírito Santo é quem nos conduz a essa maior compreensão da Palavra, iluminando nossa inteligência e dando-nos a sabedoria.

A Palavra de Deus tem o poder de transformar nossas vidas. Quanto mais conhecemos o Senhor, nada faz sentido fora dele, nem as pessoas, nem as conversações, nem os divertimentos. É bom sabermos que isso é um processo que continua pela vida inteira. Através de sua graça, vamos conhecê-lo cada vez mais.

7. Oração de concórdia

"Digo-vos ainda isto: se dois de vós se unirem sobre a terra para pedir, seja o que for, consegui-lo-ão de meu Pai que está nos céus" (Mt 18,19).

A oração de concórdia é muito poderosa. Significa que todos os intercessores estão em harmonia naquilo que pedem e unidos de coração. É como uma orquestra tocando uma sinfonia: cada instrumento acrescenta sua qualidade e todos formam a música. Cada um faz parte integrante de um todo.

Na intercessão, as pessoas unem-se na divina melodia da oração. E o peso é dividido entre todos.

Na oração de concórdia, as pessoas devem orar com o mesmo objetivo.

8. Oração e jejum

Oração + jejum = oração multiplicada. O jejum multiplica o efeito da oração. Toca situações que a oração sozinha não consegue.

9. Oração de saturação

A oração de saturação requer persistência até que tenhamos a convicção de que a vontade de Deus foi realizada. Como sabemos que terminou a necessidade de orar por aquela situação?

• Quando não sentimos mais a moção do Espírito para orar pela situação;
• quando não sentimos mais a unção para orar, mas sentimos paz;
• quando o Senhor mostra-nos textos e versículos de vitória na batalha na Sagrada Escritura;
• quando claramente vemos a solução ou cura.

10. Oração de súplica

Suplicar é implorar veementemente a Deus pela graça que necessitamos. Em geral ocorre nas situações de emergência. O grupo de intercessão, em qualquer momento em que precise socorrer alguém com a oração, pode ser mobilizado através do telefone e cada um suplicar pela situação, mesmo sem sair de casa. É oração de grande efeito quando todos na mesma hora clamam e suplicam em favor de um irmão. Esse clamor é ainda mais eficaz quando o grupo está reunido.

11. Oração pelas gerações

• Pedir a proteção do Sangue de Jesus para todo o grupo e para cada intercessor em particular.

- Orar, colocando na oração a Cruz de Jesus entre uma geração e outra, desde a 4ª ou 5ª geração.
- Cortar e desligar da família, em Nome de Jesus: blasfêmias, feitiçarias, maldições, vícios, ódio, falta de perdão. Pedir perdão por todos os pecados.
- Desligar, em Nome de Jesus, das pessoas da família, que estão vivas, o apego aos antepassados.
- Ligar essas pessoas e a família ao Senhor Jesus.
- Mandar rezar missa pelos falecidos.
- Dar graças pela vitória de Jesus.

12. Intercedendo pelos pedidos escritos nos papéis

Geralmente as pessoas do grupo de oração colocam pedidos escritos em papéis numa sacola ou cestinha, para que sejam orados no grupo de intercessão.

12.1 -Procedimento:

- Pedir a proteção do Sangue de Jesus antes de abrir os papéis;
- Dependendo do discernimento do próprio grupo de intercessão, deve-se ler todos os papéis, na medida do possível, para que as orações sejam mais objetivas;
- Caso houver muitos papéis e a equipe de intercessão for pequena, todos impõem as mãos sobre os papéis e oram em línguas. Nesse caso, faz-se um pouco de silêncio em seguida para escutar o Senhor e fazer intercessão profética, isto é, orar por aquilo que o Espírito Santo inspira. Orar em voz alta. Usamos o dom carismático da Palavra de Ciência nas situações que o Senhor quiser mostrar;
- Quando um intercessor apresenta uma situação para interceder, os outros intercessores acompanham orando em línguas ou completando o discernimento;
- Em seguida, louvar e agradecer ao Senhor por sua infinita misericórdia.

(Pode-se jogar água benta sobre os papéis. Depois da reunião, recomenda-se que os papéis sejam queimados.)

VI

CRESCENDO NO CONHECIMENTO DE DEUS

"Rogo ao Deus de Nosso Senhor Jesus Cristo, o Pai da glória, que vos dê um espírito de sabedoria que vos revele o conhecimento dele; que ilumine os olhos do vosso coração, para que compreendais a que esperança fostes chamados, quão rica e gloriosa é a herança que ele reserva aos santos, e qual a suprema grandeza de seu poder para conosco, que abraçamos a fé" (Ef 1,17).

Conhecemos e amamos mais a Deus na medida em que oramos mais e fazemos silêncio em sua presença para escutá-lo. Aprofundar a oração pessoal deve ser nossa meta diária, para nosso próprio benefício e para termos mais condições de interceder pelos outros. Muitas pessoas preferem ficar no conforto das águas mais rasas, mas outras se lançam em águas profundas. A pesca em alto-mar custa sacrifício, tempo, energia e equipamento. Mas compensa. Somente em águas mais profundas os grandes peixes são fisgados.

A intercessão é semelhante a isto: depende de nós deixar que o Espírito Santo conduza-nos à profundidade do mar de amor de Deus, a estar junto de Jesus Crucificado, intercedendo pela humanidade. Nossa oração deve ser aquela de São Nicolau: "Senhor, tirai de mim tudo o que impede que eu me aproxime mais intimamente de vós; Senhor, dai-me tudo o que eu preciso para aproximar-me mais de vós; Senhor, tirai-me de mim mesmo para que eu possa mergulhar em vós!". O intercessor persevera na oração mesmo que não veja resultados.

Podem passar anos ou até mesmo nunca podermos ver o resultado de nossas orações. É na fé que oramos; é na confiança nas promessas de Deus que fazemos a intercessão. Muitas vezes, o Espírito Santo inspira uma oração e coloca em nossa mente uma situação ou uma pessoa. A inspiração para orar vem como uma profecia. É o que chamamos de intercessão profética.

A intercessão profunda abre espaço para os dons proféticos. Num grupo, a intercessão profética pode revelar-se quando alguém faz a oração com mais firmeza e autoridade, e todos sentem uma unção especial. Isso pode acontecer no início ou durante a oração do grupo de intercessão. Se sentirmos a confirmação e a paz no coração é porque houve realmente uma intercessão inspirada por Deus naquele momento.

Para que estejamos atentos às revelações que o Senhor nos faz, há somente um caminho: a comunhão profunda com Ele. A porta de abertura do coração é a oração diária perseverante.

Que tenhamos um tempo para Deus, reservado para escutá-lo e adorá-lo. É o caminho das águas profundas, onde o Senhor partilha conosco como um amigo e nos leva a participar de seu plano de salvação da humanidade, intercedendo junto à cruz. O profeta fala de Deus aos homens e o intercessor fala dos homens a Deus. O profeta transmite a palavra inspirada por Deus para o consolo dos que ouvem, e o intercessor suplica a Deus em favor do homem que sofre. Por isso, ambos, intercessor e profeta, são mensageiros que não podem calar-se.

São como vigias colocados sobre as muralhas de Jerusalém:

"Sobre tuas muralhas, Jerusalém, coloquei vigias; nem de dia nem de noite devem calar-se.

Vós, que deveis manter desperta a memória do Senhor, não vos concedais descanso algum e não o deixeis em paz, até que tenha restabelecido Jerusalém, para dela fazer a glória da terra" (Is 62,6-7).

VII

O QUE ENSINA O CATECISMO DA IGREJA CATÓLICA[3]

A intercessão é uma oração de pedido que nos conforma perfeitamente com a oração de Jesus. Ele é o único Intercessor junto ao Pai em favor de todos os homens, dos pecadores, sobretudo. Ele é "capaz de salvar de modo definitivo aqueles que por meio dele se aproximam de Deus, visto que ele vive para sempre interceder por eles" (Hb 7,25). O próprio Espírito Santo "intercede por nós... pois é segundo Deus que ele intercede pelos santos" (Rm 8,26-27).

Interceder, pedir em favor de um outro, desde Abraão, é próprio de um coração que está em consonância com a misericórdia de Deus. A intercessão cristã participa da de Cristo; é a expressão da comunhão dos santos. Na intercessão, aquele que ora "não procura seus próprios interesses, mas pensa sobretudo nos dos outros" (Fl 2,4), e reza mesmo por aqueles que lhe fazem mal.

---

[3] Cf. n. 2634-35.

VIII

GRUPO DE INTERCESSÃO E EQUIPE DE CURA

O grupo de intercessão não é lugar para orar individualmente por pessoas que necessitam de atendimento.

As pessoas que precisam ser oradas devem procurar uma equipe que se dedique à oração de cura. Pode muitas vezes acontecer que as pessoas que oram por cura sejam as mesmas que participam da equipe de intercessão. Isto é muito natural, pois os dois ministérios são afins.

Porém, quando a equipe de intercessão está reunida, exerce o ministério de intercessão; e quando se reúne para cura, exerce o ministério de cura.

IX

A INTERCESSÃO NOS EVENTOS

As atividades da Renovação Carismática são sempre apoiadas pelo trabalho dos intercessores. Esses poderão ser escolhidos pelos líderes diocesanos e locais, entre os grupos de intercessão. Os intercessores chamados, se aceitarem a missão, deverão começar a orar pelo evento desde que tomarem conhecimento dele.

Local: os organizadores devem oferecer, sempre que possível, uma sala para intercessão ou uma capela onde o Santíssimo Sacramento esteja exposto, com licença da diocese, e onde os intercessores poderão ficar. Não sendo possível a capela, a intercessão poderá reunir-se numa sala ou lugar separado, para poder orar. Deve ser um local de respeito e reverência para proporcionar um ambiente de oração. Esse ambiente de contrição deve ser providenciado, especialmente nos ginásios e estádios. Quanto à presença do Santíssimo Sacramento, devemos seguir as orientações das dioceses.

Seja qual for a atividade (retiros, dias de louvor, congressos, encontros, grandes assembleias), é importante que a equipe dos intercessores seja em número suficiente para que haja revezamento entre os intercessores, dando sempre a oportunidade para que possam participar um pouco do evento ou ouvir alguma palestra.

No caso de retiros, os intercessores poderão orar na capela durante as dinâmicas e nos intervalos, mas voltarem à assembleia nas horas dos ensinos/palestras. Isso não impede a intercessão, que continua no coração. Pelo contrário, ajuda a colocá-los a par do que está acontecendo para interceder melhor. Deverão acompanhar cada passo do evento e cada tema das palestras com oração intercessória.

É importante que os intercessores sejam escolhidos entre os que têm mais experiência no ministério e evitar que sejam novatos.

A intercessão ora pela música, pela assembleia, pela palestra e por todas as situações pedidas pela coordenação.

Os intercessores devem estar sempre em ligação com a coordenação do evento.

X

ESCLARECIMENTOS PARA OS GRUPOS/EQUIPES DE INTERCESSÃO CONCLUSÕES DE PAINÉIS

Reunindo algumas perguntas reincidentes, apresento alguns esclarecimentos que certamente serão de utilidade para os intercessores em seu ministério.

1. Os membros de um grupo de intercessão precisam ir ao grupo de oração?

Sim. O grupo/equipe de intercessão é um serviço/ministério do grupo de oração, que tem outros ministérios além do grupo de intercessão. A participação dos intercessores no grupo de oração deve ser como a de qualquer pessoa que frequente o grupo. O intercessor é integrado em sua comunidade.

2. Ao participar do grupo de oração, o intercessor deve ficar intercedendo pelo grupo?

Não. O momento de servir (orar pelo grupo e todas as suas necessidades) é o da reunião do grupo/equipe de intercessão. No grupo de oração, o intercessor acompanha o andamento do grupo. Há exceções, em caso de alguma interferência que precise de intercessão imediata.

3. O intercessor que estiver doente deve ir ao grupo de intercessão?

Não. Uma pessoa doente ou que esteja sentindo-se mal deve evitar ir ao grupo, porque está fragilizada e o esforço da intercessão pode fazê-la sentir-se pior.

4. O jejum pode ser feito em outro dia que não seja o dia da intercessão?

Sim. O importante é que, quando fizer o jejum, o intercessor tenha a intenção de uni-lo às intercessões que fizer.

5. O que fazer quando um intercessor não é assíduo no grupo?

O intercessor deve ser assíduo tanto no grupo de oração quanto na reunião de intercessão. Caso a pessoa não tenha condição de frequentar ambos os grupos assiduamente, não deve ser membro do grupo de intercessão, mesmo que seja uma boa intercessora. Isto é válido também para os outros ministérios do grupo de oração, como a equipe do acolhimento, das crianças, de música, etc.

6. O grupo de intercessão dá orientação ao núcleo de grupo de oração?

Não. O núcleo do grupo é a equipe de discernimento, que ouve o Senhor e dá orientação ao grupo. Inclusive é quem discerne os temas das palestras da reunião de oração. O grupo de intercessão ora pelos pedidos das pessoas escritos nos papéis e por todas as necessidades do grupo.

7. Como orar pelos pedidos dos papéis? (Revisão)

Geralmente há uma cestinha ou uma sacola onde as pessoas do grupo de oração colocam seus pedidos semanalmente. Quanto à maneira de se inteirar de tudo o que está nos pedidos, é a própria equipe de intercessão que vai decidir. O importante é que haja intercessão específica para aqueles pedidos.

7.1 - Sugestão A:
• Dividir os papéis entre os intercessores;
• dar um tempo para que todos leiam em silêncio;
• fazer a intercessão, cada um colocando os pedidos conforme o Senhor indicar;
• agradecer pelas graças já recebidas.

7.2 - Sugestão B:
• Colocar a cestinha dos papéis no meio do grupo de intercessão;
• Pedir a proteção do Sangue de Jesus, de Maria Santíssima, São Miguel e seus anjos;
• Impor as mãos sobre os papéis e orar pedindo ao Senhor que envie a Palavra de Ciência para que possamos orar como em intercessão profética, conforme a vontade do Senhor;
• Agradecer pelas graças já recebidas.

8. Pode-se fazer intercessão diante do Santíssimo Sacramento?

Sim. Mas numa igreja aberta não é aconselhável, porque não podemos rezar com liberdade e discernir aquilo que o Senhor quer mostrar na oração. Os intercessores devem fazer adoração antes de começar a intercessão. Mas o lugar mais adequado para o grupo de intercessão é numa sala fechada, onde também podemos discernir e trocar ideias sobre o ministério.

9. O que é sigilo de intercessão?

Tudo o que oramos num grupo de intercessão e todos os esclarecimentos sobre os pedidos, ou sobre as pessoas em questão, tudo o que é comentado num grupo de intercessão precisa ser guardado em sigilo. Trata-se da vida íntima de muitas pessoas, que muitas vezes não falam disso com ninguém. Os membros de um grupo de intercessão devem ser discretos, não comentar nada com ninguém fora do grupo, nem se forem questionados. Aconselha-se a que os comentários fiquem somente no grupo e que os intercessores não falem sobre nada do que intercedem a não ser durante a reunião.

Equilíbrio no sigilo: em casos de emergência, como uma pessoa do grupo que pede oração porque está no hospital ou sofreu alguma perda, o responsável pela intercessão deverá procurar o coordenador do grupo de oração para dar-lhe conhecimento dessa situação. O mesmo pode acontecer com qualquer situação em que o núcleo poderia ajudar.

10. Pode-se rezar o terço durante o grupo de intercessão?

Nossa intercessão é carismática. Usamos os dons e carismas do Espírito Santo para ajudar a interceder. Quanto à oração do terço, é uma intercessão poderosa e através dele nos unimos a Nossa Senhora para orar. Aconselhamos que o terço seja rezado como preparação, mas isso fica também a critério do grupo.

BIBLIOGRAFIA

BÍBLIA Sagrada. S. Paulo: Ave Maria, 1989.

CATECISMO da Igreja Católica. S. Paulo: Loyola, 1999.

SHIELDS, Ann. Pray and Never Lose Heart. AnnArbor, Michigan, USA: Servant Publications, 2001.

TYCHIQUE, Lyon, France, set. 1999.

ÍNDICE

Introdução 5

I. O Intercessor 7
1. Quem é o intercessor? 7
2. Exemplos de intercessores na Bíblia 8
3. Características de um intercessor 8
4. A conduta do intercessor 10

II. Oração e Missão 13
1. Oração 13
2. Compromissos do intercessor 14
3. Bloqueios à intercessão 15
4. A intercessão é para todos 16

III. A Oração de intercessão 18
1. Aspectos da intercessão 18
2. Ataques do demônio 19

IV. O Ministério de intercessão dos grupos de oração carismáticos 20
1. Grupo de Oração e grupo de Intercessão 20
2. Critérios para a escolha dos intercessores 21
3. Procedimentos para a escolha: algumas sugestões 22
4. Compromisso 22
5. Como funciona 23
6. Sequência da oração 24

V. Orações para intercessão 25
1. Orar na Palavra de Deus 26
2. Orações para pessoas presas a vícios 26
3. Oração de libertação 26
4. Outros tipos de oração 28
5. A intercessão profética 28
6. Em Nome de Jesus 29
7. Oração de concórdia 30
8. Oração e jejum 31
9. Oração de saturação 31
10. Oração de súplica 31
11. Oração pelas gerações 31
12. Intercedendo pelos pedidos escritos nos papéis 32

VI. Crescendo no conhecimento de Deus 33

VII. O que ensina o Catecismo da Igreja Católica 35

VIII. Grupo de Intercessão e Equipe de Cura 36

IX. A intercessão nos eventos 37

X. Esclarecimentos para os grupos/equipes
    de intercessão – Conclusões de painéis 39

Bibliografia 43

MISTO
Papel produzido a partir de fontes responsáveis
FSC® C132240

A marca FSC® é a garantia de que a madeira utilizada na fabricação do papel deste livro provém de florestas que foram gerenciadas de maneira ambientalmente correta, socialmente justa e economicamente viável.

Este livro foi composto com as famílias tipográficas Berlin Sans e Adobe Caslon e impresso em papel Offset 75g/m² pela **Gráfica Santuário**.